MENNA ELFYN

MURMUR

BLOODAXE BOOKS

ISBN: 978 1 85224 944 1

First published 2012 by
Bloodaxe Books Ltd,
Highgreen,
Tarset,
Northumberland NE48 1RP.

Reprinted 2013.

www.bloodaxebooks.com
For further information about Bloodaxe titles
please visit our website or write to
the above address for a catalogue.

Supported by
**ARTS COUNCIL
ENGLAND**

Cover design: Neil Astley & Pamela Robertson-Pearce.

Printed in Great Britain by
Bell & Bain Limited, Glasgow, Scotland.

Menna Elfyn is one of the foremost Welsh-language writers. As well as being an award-winning poet, she has published plays, libretti and children's novels, and co-edited *The Bloodaxe Book of Modern Welsh Poetry* (2003) with John Rowlands.

Her books include two bilingual selections, *Eucalyptus: Detholiad o Gerddi / Selected Poems 1978-1994* (Gomer Press, 1995), and *Perfect Blemish: New & Selected Poems / Perffaith Nam: Dau Ddetholiad & Cherddi Newydd 1995-2007* (Bloodaxe Books, 2007), a Welsh-only selection *Merch Perygl: Cerddi 1976-2011* (Gomer Press, 2011), and her latest bilingual collection, *Murmur* (Bloodaxe Books, 2012), a Poetry Book Society Recommended Translation.

When not travelling the world for readings and residencies, she lives in Llandysul. She was Wales's National Children's Laureate in 2002, and is Creative Director in the School of Cultural Studies at the University of Wales, Trinity Saint David.

WEBSITE: www.mennaelfyn.co.uk

I Beca,
am ryfeddod goleuni

To Beca,
for the wonder of light

CYDNABYDDIAETH | ACKNOWLEDGEMENTS

Grateful acknowledgement is made to the editors of the following publications where some of these poems or translations first appeared: *Agenda, Clebran, New Welsh Review, Roundyhouse, Taliesin, Poetry, Poetry Wales* and *Zoland Poetry*.

The sequence of poems on Catrin Glyndŵr began its journey with a commission for words on a sculpture in Wallbrook Gardens, London. 'Salt' was completed on the Wales–India chain initiative organised by Welsh Literature Exchange. 'Hancesi Hanes' ('Handkerchief Stories') was commissioned by Chapter Arts Centre to celebrate the new countries who joined the European Union in 2003. 'O Dad' first appeared in *Merch Perygl: Cerddi 1976-2011* (Gomer Press, 2011).

As ever, my thanks to my translators, who have enabled me to continue to write poetry solely in the Welsh language, and whose commitment and love towards the language would need more than ten words to express.

This book is published with the financial support of Cyfnewidfa Lên Cymru / Wales Literature Exchange.

TRANSLATORS

EAH: Elin ap Hywel
JPC: Joseph P. Clancy
GC: Gillian Clarke
DWD: Damian Walford Davies
ME: Menna Elfyn
PH: Paul Henry

CYNNWYS | CONTENTS

Zu der stillen Erde sag: Ich rinne
Zu dem raschen Wasser sprich: Ich bin.

Murmur i'r ddaear ddistaw: Llifaf
i'r dyfroedd pefriog, yngan: Yr wyf.

Murmur to the quiet earth: I flow,
Voice to the running water: I exist.

RILKE, *Sonnets to Orpheus*, XXIX

Ghazal Colli

Gyfaill o laswellt, bydd dirion wrth allor
un garreg alarus a wnaed o farmor.

Gwmnïwr o bridd, bydd dithau'n gysur
i'r annedd newydd â'i dôr o farmor.

Betalau o roddwr, cymer ofal ym mhob tymor
wrth i'r tywydd mawr ddifa sawr y marmor.

Farwor o efaill, poeth awel sy'n murmur
y meini disyflyd o'u marmor.

Ghazal: Loss

My friend like a flower, be gentle at the altar
of this tearful stone chiselled from marble.

Companion of earth, spread wide your table
in your new dwelling with its gateway of marble.

Generous giver, wrap yourself in each season
as the wind and rain stain the gleam of the marble.

My twin slowly fading, no more than a breath
between you and stones made only of marble?

[EAH]

Carco yn y Crem

Fy mechan, lle rhyfedd i fod
ar b'nawn Gwener yn Ionawr –
mewn cerbyd stond gan haeru'r

awr i ni ein hunain. Byd
llawn dychmygion sy' rhwng ein dwylo,
pob rhuglyn yn syn o'i siglo

nes troi'r sain yn wên. Y tu draw in
mae eil i alar, mintai ddwys
yn dystion i un sy'n gorffwys.

Nid fel nyni. Dianafus ydym,
wedi ein rhwymo â gwregys ger clawdd
nad oes terfyn iddi. Sbia, mor hawdd

yw ffordd gwahaddod. Twmpathau glân
yn gorseddu'r pridd. Partïon o bridd,
yn dathlu'n foddhaus eu heinioes gudd

y rhai sy'n twrio'n is ac yn is, lawr
i'r dyfnder pell wrth ail-fyw eu hanadl,
ailgylchwyr aer yn estyn pob hoedl.

Y rhin hon, nid yw'n eiddo i'r ddynolryw.
Harddwch at lwch yw'r hyn a'n dwg
i'r fangre boeth. Fe'n magwyd i'r mwg.

Ond yr awr hon, cwsg yn esmwyth fy mach i.
Mor dragwyddol yw ennyd o warchod plentyn.
Hyn dry weddill ein dyddiau yn fellt ar laswelltyn.

Babysitting in the Crematorium

Such a strange place to be, little one,
a parked car on a Friday afternoon
in January, you and I claiming

this hour for ourselves. We have
a world full of fancies between our fingers,
each rattle-shake a shock,

till the sound brings a smile. And beyond us
is grief's aisle, a grave company
witness to the loved one, resting in peace.

Unlike us, then. We are unwounded,
but bound together with a sling, near
an endless earthbank. See, how easily

the moles do it. Sweet hillocks
hillfort the earth. Parties in soil,
in sheer delight of their hidden lives,

these recyclers of air delving deeper and deeper,
digging on down to the bottom of things,
drawing out each life, rebreathing each breath.

Humanity does not have this gift.
Beauty for ashes is what brings us
to this hot spot. We were born for the smoke.

But for now, my little one, sleep gently.
How eternal each second when minding a child.
And our lives from now on? Quakegrass, lightning.

[EAH]

13

Dod i'w coed

O, fel y câr y coed blant bychain.
Eu glasenwi wnânt;
cangen yw'r 'llong'
sy'n eu cario dros nant;
'grisiau' tal yn cyrraedd dec,
a'r môr islaw yw dail y craf,
croesdon danadl sy'n anadlu'r wig.
Cymydog yw ambell frigyn,
yn codi un wedi'r codwm,
gwneud rhasal o eli o'r rhisgl.

Brath a briw wedyn,
daw'r dyfod i oed.
Rhaid wedi'r cyfan
roi coed yn eu lle:
hogfaen llon
a'r llif mewn llaw.

Growth Rings

See how kids bloom
in the care of trees.
Out of brown and green
grow metaphors:

a bole is a boat
that bears them over a burn;

a branch is a gangplank
for storming a deck;

the rug of ramsons
is a fizzy sea; nettles
list in a rasp of wind.

Compassionate,
boughs bend to mend
a fall, draw balm
for the burn of bark.

Out of a cut comes
blood. Into the groove
the girl walks
out of the grove.

Metaphors return
to being
trees:

things to blunt
our razor minds against.

[DWD]

Arolygwr y gwenyn meirch

Medi eto
a daw mwstwr y picwn;
anniddig ydym wrth graffu
ar freichiau, coesau
rhag ofn rhyw wagswmera.
Y rhain, sy'n ddioglyd gyda'r dydd,
am oedi ar gnawd dynol.
'*Co, co, watsia mas*',
rhediad harmonig
sy'n eu gyrru at nodau arpegio.

Ganol dydd, collwn
ein hawydd i'w gwylio,
ac er mwyn dyrchafu cerddi
fe wnawn gyfamod hedd â nhw.
Eto, parhau a wnânt i glustfeinio
ar ddigwyddiadau.
Mynnant ddwyn y sylw i gyd;
odlau'n dew
yn aer y rhialtwch mawr.

Yn y diwedd, does dim i'w wneud
ond rhoi iddynt weddustra
penodi gwyliwr y gwenyn.
Un sy'n pennu
pwy a dalodd ei siâr,
mewn mêl neu fileindra,
neu a foddodd yn y ddau.

Yna, dychwelwn i ddarllen
cerddi, ond meddyliau gwenyn
sydd gennym, fel y seiniant
eu hymsonau eu hunain.

The Wasp Inspector

Come September,
there's a clamour of wasps.
We check
our knees for creatures
dozy with the day's
malingering, who crave
human touch. We squeal
'*co, co, watsia mas*',
words being the harmonics
they recognise, the rising of
our terrible scales.

Mid morning, we lose
our vigilante status
and, for the elevation
of poetry, we make peace.
Yet still they eavesdrop
on gatherings, intent
on stealing the show:
lisping sprung rhythms
in the air of hilarity.

In the end, there is nothing
to be done but allow them
the civility of the wasp inspector:
one who'll decide
who's paid tax
in wax,
brought honey or hurt
or bathed in both.

Dyheu erbyn hyn am osteg.
Onid yw'n ddigon iddynt basio
heibio'r awen a'i habsenoldeb
wrth inni ysu am sylw'r synhwyrau,
a brathiad y gân?

Wrth inni eu dwrdio am gwrso
ein crwyn, yn dawel bach
oddi mewn, yswn
am eu dal yn ein cledrau
a'u tawelu
o'r lladdfa sydd
ar waith.

Ond un ffaith sydd,
yn hwyr neu'n hwyrach
daw'r llaw ddeddfol – i lawr

a brathu'r gân.

Then the readings return,
but, we're still thinking wasps,
they insist on soliloquies.

'Be still,' we sigh,
is it not enough you pass
the muse by, hiss what's missing
as we hunger for the attention
of senses,

the sting of the song?

[EAH]

Afalau minswyn

*Today Keidrych finds cinders or grit in his stewed apples. I told him poets
must always expect pieces of soot in their dishes, that is their fate.*

LYNETTE ROBERTS

Cynt a chwedyn
  sydd i afalau,
    wrth i ddau

ddal gafael dan gangen.
  Bydd blodau cynnar
    yr afallen yn wrid.

Afalau coch y berllan,
  sut rai tybed
    oedd y rhai hyn?

Afalau coch cynhaeaf –
  a fu cynrhon
    yn crynhoi o'u mewn?

Afalau cydymaith da.
  Beth sy'n rhagori ar
    eu torri a'u rhannu?

Afalau coch y rhwd.
  Mor frwd eu dadwisgo
    o'u crwyn, tynnu'u craidd

a'u mudferwi ar dân
  agored, mwydion yn ffrit-
    ffrwtian i sgwrs y fflam

nes cael enllyn, yn disgyn
  i ddysgl: stiw fale chwilboeth.
    Llosgi tafod, graean a grit

Bittersweet Apples

Today Keidrych finds cinders or grit in his stewed apples. I told him poets
must always expect pieces of soot in their dishes, that is their fate.
LYNETTE ROBERTS

At the core
  of apples, always:
    an after, a before,

as two hearts
  under the branch
    are grafted together:

the early blossom's
  blush, the flushed
    glut of fruit...

What kind, you ask,
  were these?
    Harvest apples,

pale grubs thrashing
  at the hub?
    Friendship's apples,

at their sweetest
  shared?
    Russet apples,

rudely flayed,
  then deftly filleted,
    simmered,

gurgling to stew
  on the rockabye flame
    of an open fire,

21

yn gymysg â'r melyster
   nes crensian dannedd.
      O dinc llwy enamel

i'r gyllell a gnewyllai,
   bu'r ffrwyth yn dadlau â'r marwor.
      Rhwng llaw a gwefus, diwedd pryd

yn galon garreg, sownd mewn gwddf.

until delight
    is spooned boiling
        into a bowl,

cinder and grit
    in sweetness swaddled,
        the tongue deceived.

All the way
    from knife to ladle,
        flesh blemished

by ash and clinker.
    Many a slip
        'twixt pluck and lip.

At the feast's end:
    nothing but the heart's
        stone, dead in the throat.

[DWD]

Adar o'r unlliw

There was an agreement between us that if ever Arthur Davies shot any out-of-the-way birds by mistake, he would first bring it to me, so that I might make a study of the bird's plumage and characteristics at close quarters. This has been invaluable to me.

LYNETTE ROBERTS, 15 Gorffennaf 1940

A thrin adar diarffordd a wnest,
cynnal cwest, darllen eu plu.
Ai tywydd teg ai hydref
oedd swm eu gwisgoedd,
wrth it droi'n efrydydd
i'w ffurfafen?

Astud i duth ysguthan:
crombiliau o lyn y llygaid,
meillion, llysiau'r meheryn;
graean yn y lystog,
bonion grug y mêl,
teimlo'r gwead rhydd.
Plu'r frest, yn biwswyn,
emrallt ar dro, a symudliw;
enfys cyn troi'n efydd.

Yna'r llwyd sy'n llychwino
pob addewid.

Y tu mewn
a'r tu allan,
est ati i drin y cyfrin

yn ddathliad prin,

a phob dim
yn baratoad
at ganu,
gogoniannu, a rhannu
gwledd yr adenydd.

Birds of a feather

There was an agreement between us that if ever Arthur Davies shot any out-of-the-way birds by mistake, he would first bring it to me, so that I might make a study of the bird's plumage and characteristics at close quarters. This has been invaluable to me.

LYNETTE ROBERTS, 15 July 1940

So you became a coroner
of wayward birds;
reader of plumage,
connoisseur of colour,
scholar of their sky.

This woodpigeon, now:
its crop of clover, celandine,
birdsfoot trefoil;
the gizzard coarse with grit
and stalks of heather.
The loose weave
of the breast, its emerald-purple
glisten, bronzing

to the grey that tarnishes
all vows...

Haruspex
you anatomised
it all as sacrament,

preparing to sing
yourself, and spread the feast
like wings.

[DWD]

25

Tŵr canu

I sing of the telegraph harp
HENRY DAVID THOREAU

Saif yn unplyg o ddigyffro
wrth bwyso a mesur yr oriau;
didoli nodau rhwng gwlad a thref,
deall mai cennad i bawb yw.
Bydd rhuban glas o'i gylch
a thusw yr angau disymwth.
Rhybudd bod annedd i'w chodi.

Polyn y plwy,
yn dyst cadarn i bob newydd:
Ffair Sborion. Gyrfa Chwist, gwersi Ta'i Chi –
yn seinfwrdd i dannau ei delyn,
cyn rhoi datganiad llon a lleddf i'r byd.

Ar ben y tŵr yr wyf innau,
ei gyfaill pennaf un.
Dau wyliwr piwr wrth ymyl
y ffordd, yn dyheu am orwel gwell.
Ef yn crefu am goedwig goll,
myfi, yn llygadu'n oer am drychfilod llai.

Tri llais ydym gydol nos.
Bydd tant ei offeryn yn seinio
i dimpani y lleuad.
A'm cri innau? Codi cwenc
a chainc yw gwobr tylluan.

The Singing Tower

I sing of the telegraph harp
HENRY DAVID THOREAU

It stands, unbending, unmoved,
As it weighs and measures the hours,
Differentiates town and country,
Knows that it's a messenger to all.
There's a blue ribbon around it
And the posy of sudden death.
A notice that a dwelling's going up.

The pole of the parish,
Firm witness to all the news:
Jumble Sale, Whist Drive, Ta'i Chi lessons.
A soundboard for its harpstrings
Before giving a sad and joyful recital to the world.

And I'm atop the tower,
Its best friend.
Two fine sentinels beside
The road that yearns for a better view.
The post's longing for a lost forest,
While I coldly eye lesser creatures.

We're three voices all night long.
The string of its instrument resounds
To the timpani of the moon.
And my cry? It's an owl's privilege
To raise a discordant tune.

[JPC]

Cerdd Gocos

Hi oedd y wraig wrth ein drws,
hwyr brynhawn, basged mewn llaw,
lliain gwyn yn orchudd
fel Cymun heb ei godi.
Yna'n sydyn, clegar o gocos,
islais o 'fara lawr'
ar bapur di-saim,
a'r fargen ar y ford.

Adeg swpera wedyn,
byddai mam yn arllwys
tosturi at y wreigan,
ar daith o Ben-clawdd i Gwm Tawe,
mewn bws decer dwbwl.
A theimlo'r rhyddhad
i'w siwrne tua thre
fod yn ysgafnach:
sylltau yn lle cregyn
– wrth i'n ffyrc anturio'n ffyrnig.

Mae ei gwên gyda mi o hyd,
yn toddi i groeso fy mam;
dwy siâp calon fel cocos,
y rhai fu'n adeiladu
eu tai ar dywod
cyn i'r llanw daenu
ei gotwm ei hun o ewyn.

A'r wraig gocos?
Tonnau gwallt olchwyd dan het,
a'i siôl yn rhidens ar draeth,
machlud ar ddŵr,
fel finegr brag da
sy'n brathu gwefus.

The Cocklewoman

The late afternoon caller,
her basket, a linen coverlet,
like the laying of communion;
then suddenly, the cackle
of cockles, *bara lawr*,
an undertone on greaseproof,
and the deal's deliverance.

Later, at suppertime
my mother would season pity
on the poor lady, for her double-decker journey,
from Gower to Pontardawe;
be gladdened too at the thought of her return
all the lighter,
shillings instead of shells,
as we probed with our forks like adventurers.

Her smile is with me still,
melting into my mother's welcome;
two heart-shaped cockles
who built their homes
on sand, before the tide's curl.

And the cocklewoman?
Waves of hair swept under a hat,
her shawl a fringe on the shore;
sunset on water, like
a fine malt vinegar,
a sharp kiss on the lips.

And ah, the salt air of Gower,
days of spins, unpacking
our picnics near sea lavender;

Awelon haf bro Gŵyr
yn chwythu ein mynd a'n dyfod –
gan ddadbacio ennyd o bicnic.
A'r llun rhyfeddol hwnnw
ohoni'n llenwi'r peint cwrw
drosodd a throsodd,
fel diniweidrwydd yn disgyn
nes i'r gwydr niwlog
lwyrymwrthod,

yn wag.

And that one amazing image
– her standing at the Manse's teetotal door,
pint glass in hand, scooping,
over and over, her sacrament of shells;
sound of my innocence, descending,
a coming of age,
that emptying, emptying cry.

[EAH]

Halen y Ddaear

'Aur gwyn' bob tamaid
oedd ple gwastad y cread.

A hi oedd â'i thraed ar y ddaear,
er i bregethau dywallt,

cadwai bethau yn eu lle,
gan wybod eu gwerth.

Deallai bod i bob aberth
rhyw rym halltog. Gormod

neu rhy ychydig, mor ddifaol
oedd, yn frath

ar friw i'r sawl a'i fwynodd.

*

Un dydd, rhois iddi felin halen
un dryloyw oruchafol.

Hi fu'n tolio yn fân
ac yn fuan, â'i bys a'i bawd

yn deall ei gyfoeth mewn lluniaeth
wrth doddi'n anwel. Dewinydd oedd.

*

Salt

'White gold' they called it,
the flat-earthers.

And she who was of an earth
where sermons poured

and kept things in their place
knew how precious it was

how 'whatsoever sacrifice
thou offerest, thou shalt

season it with salt',
how too much or too little

can kill, how to spill it
stings the wounds

of those who mined it.

*

The day I gave her the grinder
(the see-through salt-mill

she would have consigned
to the sea bed

in that dark tale
Why the Sea is Salt)

she worked on, lightly

proving invisibility
with magician's hands.

*

Daeth y rhodd yn nes adre –
Awrwydr a ailfeddiannwyd

ar liain gwyn heb fendith.
Eto, ynghudd mae gronynnau wasgarwyd.

A weithiau, gallaf glywed ei llais o hyd
yn awgrymu'n dawel 'Pasiwch yr halen'.

The gift has come home to me –
seized hour-glass

on a white table cloth
where the spilt grains hide.

And sometimes I still hear her voice
in a hush, saying 'Pass the salt please'.

[PH]

Y Glwyd

(wedi'r drychineb yng nglofa Gleision, 2011)

Daw ambell ddydd fel bollt
yn atgof mai chwa dan ddrws
sydd rhyngom a byw Ddoe,
glowyr dan ddaear yn trengi,
a minnau'n cofio geiriau cynnil
fy mam am reolwr y gwaith
a'r fforman yn cerdded trwy'r
pentre i'w chartre yn 1947.
Y gwragedd yn gwylio o bob tu'r stryd,
i weld pa dŷ oedd eu cyrchfan.
Ond gwyddai mam-gu
wrth glywed y giât yn cau
beth oedd y gnoc a'r neges ddu.

Heddiw, meddyliaf am y ddwy:
mam-gu a mam; deall yn well
fel y byddent yn cau allan pob sôn
ar deledu am ddamwain dan ddaear.
Cofient hwy am y glwyd yn cau.

A'r prynhawn yma, daw newydd
gan gyfaill o Mumbai sy'n adrodd
am ddaeargryn Sikkim ac fel
y clywodd ei rhieni ei fwriad
yn Kolkata. O bell ac agos
mae clwydi'n cau ac agor,
pobl a'u byd ar ben, a'r byd
yn dod yn nes, yn tynnu arnom.
A phob chwiff o si, yn ddrwg
neu'n dda, yn murmur mai byw
trwy fyllt a wnawn, y rhai
sy'n cau, a'r rhai sy'n clwyfo.

The Gate

(after the Gleision colliery tragedy, 2011)

Sometimes
a day like a lightning-bolt
will remind us that there's only
a breeze under the door between us and death. Yesterday,
men died, underground, and I remembered
my mother's sparing words:
1947: pit manager and foreman walking slow
down the village street towards her home.
The women watching either side of the street
to see which house was their journey's end.
But as she heard the gate close
my grandmother knew
the dark message that came with the knock on the door.

Today, I think of them both:
my mother, my grandmother, better understand
how they'd switch off any mention
of underground disasters the minute they started.
They remembered the closing of the gate.

And this afternoon, there's news
from a friend in Mumbai who tells me
of the earthquake in Sikkim; how her parents
heard its murmur in Kolkata. Near and far
gates are opening, closing,
the end of their world for some, and the world
coming closer, drawing us to it. And every
ghost of a rumour, good or bad,
rumblings that we live through bolts,
some which close, some which wound.

Ac ar ddiwedd y dydd,
syllu'n hir ar y glwyd lonydd.
Hedd yn fendith am heddiw.
Am heddiw, cawsom hedd.

At the end of the day,
we gaze for a long time at the still gate.
Given the blessing of peace for today.
For today, we were given peace.

[EAH]

Hancesi Hanes

not what the stars have done
but what they are to do
is what detains the sky

EMILY DICKINSON

Yn yr awyr mae diwyg
sy'n gwisgo'r nos yn loywddu.
A daw seren bach a llygad
i'r golwg
a chwiff o hem yn rhydd,
ac yn y tu hwntdod,
hancesi bychain wedi'u gwasgu
yn llaw fawr y ffurfafen.

Islaw ydym, yn gwylio hyn
â rhyfeddod yn ein ple:
El mundo es un pañuelo:
dyw'r byd ddim yn fwy
na hances poced.

a'r wireb yn ddwy:
Eang yw'r byd i bawb;
wrth im estyn llaw
a chyfarch macynon y sêr;
a thry'r hances yn gynfas gwely
yn siglo'n gras yn y gwynt.
Syllaf eto, a dônt fel hwyliau
ar draws ffurfafen
wrth chwilio porthladd las.

Da cael ynys mewn môr mawr.
Ac ym Malta mae'r môr
Fel bol meddal a phen caled
wrth i longau gwtsho'n y bae.

Handkerchief Stories

not what the stars have done
but what they are to do
is what detains the sky

EMILY DICKINSON

A cloth in the sky
is dressing the night in sheeny
black. Glimpse
a star's hook and eye,
a slit of hem
hanging loose a second or two
and beyond
small squares of handkerchief, crumpled
in the great fist of the sky.

Feet on the ground, we watch this
with amazement:
El mundo es un pañuelo:
the world's the size
of a handkerchief.

Proverbs flap free:
Eang yw'r byd i bawb;
it's a small world
and as I reach out my hand
to touch the stars, the handkerchief
becomes a bedsheet
drying, fresh-aired in the wind.
I look again, and now they are white sails
crossing the sky,
searching for Ithaca.

Da cael ynys mewn môr mawr:
sweet island landfall, in Malta
the sea's belly is soft,
its head, hard,
as ships cwtsh up in the bay.

41

A thu hwnt i'r sêr –
llenni sy'n tryloywi
llestri gorau'r nen yn ddisglair,
ac nid oes Llen Haearn yno,
dim ond lês, a llin a lleisiau
a ddolennodd, hyd nes uno,
gwnïo siolau i'r siwrne hir.

A lle bu hanes yn sychu dagrau
yn gwyntyllu gofidiau
daw crimpio hancesi
yn obenyddion esmwyth,
yna'n hwyliau ofnus,
yn ddefnyddiau pwyth dros bwyth,

a syllu o'r newydd wnawn ar y nen,
gweld gwead newydd,
a'n dal i ddwyn o'r delweddau
liain sy'n gwreslynu hanes.

And beyond the stars
I see gauze curtains, the
sky's translucent china for best.
No Iron Curtain there, just
lace, flax and voices,
loops for fingers to grab,
shawls for the long journey.

New stories, too, along the way
wipe away tears,
fanning all sorrows,
crisp handkerchiefs,
restful pillows,
the hesitant sails
and cloth, stitch over stitch.

We look at the sky with new eyes, see
new seams in the stars,
this cloth which presses down on history
spangled with images.

[EAH]

Ar daith beryg

(i Taslima)

Hongian uwch angau
oedd 'Y Graig',

a'r cefnfor wedi
ei hawlio yn ôl heddi.

Man a fu'n fynydd
La Isla de las Alcatreces!

Does dim pelican yn awr,
dim ond drychiolaethau.

Nythod gwylanod
ac ymwelwyr yn gwynto

trwy sbienddrychau,
heli caethiwed.

San Ffrancisco, Sacramento,
San Diego. Sawl sant sy?

Ond mae' 'O' ar arwyddion
yn ochain dyhead arall

wrth inni gerdded braich
ym mraich, o dyle i odre'r

rhiw. Yr 'O' yn loes
wrth it adrodd am dy hel o le i le,

ar herw dy guro ar ganol stryd,
a'r ddedfryd fu'n dal yr aer yn fud –

craig dy ynys dithau.

*

Danger's walk

(for Taslima)

The 'Rock' hung over
with the spirit of anguish

is in the ocean's gaze today,
a tide of reticence.

And a mountain's sentence,
La Isla de las Alcatreces!

No pelican in sight now
only apparitions

the nests of gulls
and visitors savouring

through lens, the salty
air of captivity.

San Francisco, Sacramento,
San Diego. How many saints are there?

But the 'O' on road signs
sigh another wail,

as we walk arm in arm
from foot to steep hill,

climbing, breathless as you retell
your life, of the gradient

and depth, a fugitive:
a verdict silences the air

Your island, one rock.

*

Dychwelwn i gyntedd gwesty,
pob un i'w stafell sanctaidd.

Alcatraz yw cnawd pawb
ar derfyn dydd.

Cerrynt sy'n bygwth
yn wên-las ar fan gwyn San Fran.

We return to the hotel's foyer,
parting, each to his own carrel.

End of the day, and
Alcatraz, tied to all flesh

the currents, threatening still,
their insincere smiles

on San Fran's fair haven.

[EAH]

Arian sychion

(i Maha El Said)

Hyd yn oed heb ei dolach yn ei ddwylo
nid oes hafal i gyfalaf ambell ŵr.
Ac er mai i'r pant y rhed y dŵr,
rhaeadr
sydd ar waelod tyle.

I hen wraig ar gyrion Cairo,
bydd yn golchi ei harian
yn foreol cyn eu rhoi
ar lein ddillad –
yn bapurau gwlybion.

Yno, byddant yn suo a siglo'n y gwynt
cyn deffro ar eu hynt yn ddi-haint.
Yn yr oes hon, rhaid sgwrio am arian
glân.

Filthy Lucre

(for Maha El-Said)

A man has no need to rub his hands together
for others to know his wealth is unsurpassed,
and although money begets money
riches have wings.

On the outskirts of Cairo an old woman
washes her notes each morning,
then
hangs the wet papers out to dry.

There, they will whisper and sway on the wind;
next morning,
go out into the world, purified.

If you want your money clean these days, you must scour it
yourself.

[EAH]

Sul gyda'r cŵn yn Bwcarést

(2001)

Gwyliwch y cŵn oedd y siars
  a gafwyd cyn imi fentro i'r stryd.
      Ond eofn oeddwn, onid oedd tetanus yn fy ngwaed?

Ac allan â mi, rhwng y cŵn a'r brain,
  pob gast a llabwst am noddfa yn fy llygaid pŵl.
      A pho fwyaf y cerddwn yn syllu i'r nen

mwyaf yn y byd yr agorai pob genau
  safn sy'n myngial am fendith
      neu asgwrn pigwrn o'm camau mân.

Croesi'r stryd a wnes, ac igam ogamu
  wrth geisio ysgwyd i ffwrdd chwilfrydedd
      un gynffon ffyddlon wrth fy sawdl

a'i anadl yn ysgwyd glaw a saim oddi ar ei got.
  A sut oedd dihatru ei awydd am feistres
      heblaw troi at ddefosiwn, wrth gamu i mewn

i offeren Uniongred Roegaidd. Ac yno ymysg
  y canhwyllau a'r llafarganu, O, fel y gweddïais
      y diflannai a minnau yn ddinesydd rhydd.

           *

Camu allan wedyn. Bellach, un o deulu'r cŵn ydoedd,
  y rheiny'n cyfarth yn unfryd ar yr heddlu llym.
      Ac er i gwpwl oedrannus geisio eu cymell

i ffoi, rhyw herian a wnaethant er ffrwst y ffrewyll main.
  Mynd yr ochr arall heibio a wnes a gweld
      am ennyd, ef, lygad am lygad â mi.

Sunday with the dogs in Bucharest

(2001)

Watch the dogs, the warning
   before setting off to the streets.
      Fearless, didn't I have tetanus in my blood?

Out I went, between the crows and the dogs,
   every bitch and boxer seeking refuge in my dull eyes.
      And the more I walked in awe of the firmament

So too did the jaws of the world open
   as they whimpered and barked for approval
      for my heel's bone and puny steps.

I crossed the road, zigzagged
   As I tried to shake off the zealous
      tail, one faithful at my heel,

his breath shaking grease and rain from coat.
   And how could one dampen his desire for a mistress
      but own a new devotion as I walked into

the Greek Orthodox mass. And there amid
   the candles and litany, I uttered a prayer
      for disappearance and me a free citizen.

            *

Later, stepping out, joined now to a pack of dogs,
   all barking in unison at the police who'd been called.
      And though an elderly couple shooed them away

from their fate, they stood their ground against the sharp whips.
   I walked the other side and saw
      him catch my eye, one last time.

Ond ei dylwyth strae oedd ei dynfa di–droi–nôl yn awr.
Yna, bwledi o blwm tawel a dreiddiodd o'r stryd gefn.
Cerddais ymlaen heb gilwg yn ôl, dim ond teimlo

pwll tro y galon a rhincian dannedd a chryndod llaw,
yr hyn a ddaw o fod yn dyst eilradd i drugaredd.
Onid llwyr ei gwt yw'n hymateb yn wastadol.

Hyd yn oed yn Bwcarést, gornest yw'r gair
sydd rhwng gwas a meistr, morwyn a meistres,
ac ambell ru oddi mewn yn osio rhwng greddf a gras.

But his stray family held his allegiance now:
  a piercing of quiet lead in the back street.
        I never looked back yet felt

the whirlpool in my heart, the clenching of teeth, the tremble of hand,
  an auxiliary to mercy.
        Our instinct as always is how not to bear witness.

Even in Bucharest with stray dogs the word is a struggle
  between slave and master, the pull of power,
        and the occasional roar inside between gravity and grace.

[EAH]

Drws yn Epynt

(ar ôl i wraig ofyn i swyddog o'r fyddin am gael cadw ei 'drws')

Mae yna ddrws sydd yn cau yn ei gyfer
a drws sydd yn drysu amser,
a'r gnoc sydd yn destun dwyster.

Ac er mor anial oedd ei hannedd,
yr aelwyd hon oedd man cyfannedd,
dan ddrws dôi curwynt tangnefedd.

Nid adwy, na chroesi rhyd a orfu,
na gelyn – dim ond cennad deddfu:
'Lle perffaith i lasfyddin i saethu.'

Yna, ar frys gyda gwŷs, cael gwared
â phreswylwyr y tir ar drum nodded,
wrth ildio i'r lifrai gwargaled.

Nid heb lef. Cyn troi allan, dyma ofyn
'A gaf i'r drws a'r bwlyn i'r bwthyn?'
Yn waglaw, disgynnodd i'r dyffryn.

Eto weithiau, ar lym awel, clywn ddychryn –
brath y drws yn agor, cau'n gyndyn.
'Gwrando pa drwst.' 'Daear a gryn.' Gan erfyn.

A door in Epynt

(before leaving Epynt, one woman asked if she could take her door with her)

There's a door which closes by itself,
a door that deludes time,
one knock and there's fighting talk.

And although she lived in the back of beyond
this hearth was her harmony,
its underlay, the chill of tranquillity.

No stand-off or ford to cross,
no enemy but the purchase order:
'A perfect place, this, for a squaddies' mess.'

Armed with warrants, in haste they removed
the people from the land. Then the hills of refuge
surrendered to the combats' heavy outfits.

Not without a plea. Before turning her back:
'May I keep the door to the cottage?'
Empty handed, she left for the village.

Yet, when the east wind howls, I hear terror –
the door slam shut and, then, flung open.
Listen to its sounds. Earth shakes. Pleading.

[EAH]

Ymwelydd

(cerdd ddarganfod wrth warchod y claf)

Yn iach, mae'n dechrau'i sgwrs,
'Meddyliwch,' meddai,
'cymundeb mla'n a dau ddierth
yn caru ar y galeri,
o'r golwg, wrth gwrs.
Wedodd rhai wedyn.
Meddyliwch – a chithe'n
paratoi'r bara a'r gwin cymun –
beth petasen nhw wedi'ch
bwrw chi'n farw, ond dyna fe –
lle neis i fynd ontife – mewn capel,
a bydden ni'n barod wedyn i'r angladd!
Meddyliwch amdanyn nhw'n ei mentro hi –
y lle wastad ar agor 'da ni,
ni, bobl capel yn llawer rhy dda
i'r siort 'na sy'n llawn drygioni.
Un o wyth o blant oedd e 'fyd,
pob un â syrnâm gwahanol.
'na fe, maen nhw'n iach –
ddim fel Wil y Felin,
ddim yn hanner da, druan.

'Glywoch chi be' wedodd e?
Ddim yn clywed chwel.
"*Cancer,*" medde'r doctor.
"*Ulcer? Oh that's good.*"
A oedd y boi bach ifanc
ddim yn leico gweud yn ots.
Ie, iechyd, be wnelen ni hebddo?
Byddwch chi'n well to'n glou –
er, mae golwg golau leuad arnoch chi.

Visitor

(a found poem while caring for an elderly relative)

In rude health, she begins the conversation,
'Just think,' she says,
'communion service and there were these two strangers
making love in the gallery –
out of sight, of course.
There was talk about it afterwards.
Just think – there you'd be
setting out bread and wine for communion –
what if they'd struck you dead, but there we are –
chapel would be a nice place to go,
and we'd be all set for the funeral, wouldn't we?
Think of the cheek of it –
we always keep the place unlocked,
we chapel people are much too good
for scoundrels like him.
He was one of eight, too,
each with a different surname.
Well there we are, *they're* all in good health –
not like Will y Felin
he's not well at all, poor dab.

'Did you hear what he said?
a bit deaf, you know.
"Cancer," said the doctor.
"Ulcer? Oh, that's good,"
and the young strip of a lad
didn't like to correct him.
Oh yes, health, what would we do without it?
You'll be better soon –
though you are looking rather waxy.

'Dyna fe, rwy wedi galw nawr.
Ma' rhai'n rhoi e lawr ar bapur
pwy sy'n galw, pwy sy'n hala
carden, dod â blode.
Ond ma' popeth yn ca'l aros
yn y pen 'da fi, pwy eisie seians,
'na fe, ddes i'ch gweld chi
A 'na sy'n bwysig;
ta p'un, own i ddim
yn gwybod beth i ddod,
felly des i â'n hunan, tro hyn.
Cyn i'r Rihyrsals ddechre',
pennau lan a phapur lawr
fydd hi wedyn 'llwch chi fentro.

'Beth arall sy' da fi i 'weud, cy bo fi'n mynd?
O ie, aeth Sally miwn am *scraping*
a ma *gangrene* ar goes Bwlchgwynt,
fydd e ddim yn rhedeg marathons yn glou!
Chi'n edrych fe 'sech chi ddim yn siwr
pwy sy' da fi nawr?
Jones er, slawer dydd, do'dd neb
yn ca'l ei alw 'nôl ei enw, o'dd e?
Gormod o hen Davies yn y plwy.

'Wel, cystal i fi ei throi hi,
ma' dou neu dri lle 'da fi alw 'to,
a fydda i'n gweud wrthon nhw, nawr
bo chi'n edrych yn lled dda.
Own i'n meddwl wir, y bydde galw
yn codi eich calon.

'Neis eich gweld yn y gader 'ta beth –
wedi'r cwbwl, ma' pobl yn marw'n y gwely.'

'Never mind, I've called now;
some people make a note
of who's called, who's sent
a card, and who's brought flowers.
But I keep count of everything in my head,
What's the point of a great to-do?
There we are, I've been to see you
and *that's* what's important;
and anyway, I didn't know
what to bring,
so this time I just brought myself –
before the Rehearsals begin,
it'll be heads up and eyes on your score
then, I'm telling you.

'What else have I got to say before I go?
Oh yes, Sally went in for a scraping
and him over at Bwlchgwynt's got a gangrenous leg,
he won't be running any marathons!
You look as if you're not quite sure
who I'm on about now:
Jones – though, in the old days
we didn't call anyone by his proper name, did we?
Too many old Davieses in these parts.

'Well, I'd better be getting on.
I've two or three places to visit yet,
and I'll be telling them now,
that you're not looking too bad.
I did think that me calling
would cheer you up.

It's nice to see you sitting up, any road –
after all, people do die in their beds.'

[EAH]

Murmuron

1

Sut mae byw yn drugarog
yn y byd hwn?
Dyna'r cwest a'r cwestiwn.

Sut mae cerdded yn ddistaw
heb waedd yn y gwyll
na'r un cysgod erchyll.

A throedio'r byd hwn fe pe bai
baban yn cysgu yn y stafell drws nesa',
fel y rhown y byd rhag iddo deffro.

Murmur bendithion
o gylch y muriau
a gwres serch yn eu seiliau.

2

Mur-mur,
waliau yw seiniau
yr heniaith.
Deallwn beth yw 'shibboleth',
Yr 's' yn amlwg ar ein tafodau,
Yr 'sh' 'sh' 'sh',
siars mai iaith tawelwch yw.

3

Bellach sisial a wna'r awel
ar draws ymarfer
rhyfela
a grwgnach ei grygni'n y grug.

Murmurs

1

How to live and breathe
with mercy?
A quandary, a question.

How to walk lightly
without a cry in the dark,
or even a shadow,

and with each step
be aware of the child sleeping next door:
how we'd give the world, not to wake her.

Murmuring blessings
around the walls,
love in its foundation.

2

Wall–wall,
walls are sounds
of the old tongue
We understand 'shibboleth',
the 's' is clear on our lips;
the 'sh', 'sh', 'sh',
a warning that it's the language of silence.

3

Now the breeze whispers
over manoeuvres.
Can't you hear the heather – rasping?

A phan ddywed swyddog o'r fyddin ar Epynt
eu bod bob amser yn tynnu eu hesgidiau yn Affganistan
er mwyn dangos parch i'r bobl,
hynny, ar ôl cicio'r drws i mewn,
rydym yn dawel fel y bedd,
ymhell o'r si ym mrig y morwydd.

4

I urge you please notice when you're happy
and exclaim or murmur or think at some point –
if this isn't nice, I don't know what is...
KURT VONNEGUT

Mae'r murmur
a wnawn
yn iaith fain

i eraill.
Ymddiheurwn
o gael ein dal

mewn ymson:
rhyw fyngial
ar wefusau.

Ond llonnwn
pan welwn
weithiau

hen ben yn cerdded
y stryd neu tu ôl i lyw
car, yn chwedlu'r awr

gan rannu sgwrs lefn
â fe'i hunan
yn fod lluosog,

diddan.

And when an army officer on Epynt announces
that they always take off their shoes
in Afghanistan,
as a gesture of respect to the natives
(after kicking the door down, that is),
everyone is quiet as the grave.
Far away, not a whisper from the grapevine.

4

I urge you please notice when you're happy
and exclaim or murmur or think at some point –
if this isn't nice, I don't know what is...
KURT VONNEGUT

the murmur
we voice,
is a language

strange to others.
We mouth apology
when caught out

in soliloquy:
a muttering
on the lip...

...but are pleased too
when
we snatch a glimpse

of some other wise man
walking the street
or behind a wheel

telling tales,
minding the hours
with himself,
a being containing 'multitudes'
and all content.

5

Although you may have an innocent murmur
throughout your life you won't need treatment for it
NATIONAL HEART, LUNG & BLOOD INSTITUTE

Byw gyda churiadau a wna bardd,
yn gyson o afreolus:
lubb-dupp, a'i alaw
yn cario
goslef a llef sy'n llifo
at gwynion holl fydrau ei waed.

5

Although you may have an innocent murmur
throughout your life you won't need treatment for it
NATIONAL HEART, LUNG & BLOOD INSTITUTE

Poets live with beats,
consistently irregular;
lubb-dupp, its melody
carries a pitch that flows
through all the heartaches
and metre of the blood.

[EAH]

Oed Llawn Addewid

(i Raymond Garlick ar ei ben-blwydd yn 80 oed ac er cof amdano)

Ac i bob oed yr addewid, bydd addewid
am oed. Fel y dydd hwnnw, pan aethost
draw at garreg filltir a chroesi rhyd,
gan weld llusern mewn trobwll. Heb gyfri'r gost,

camu tuag ati a wnest, a'i hachub hi;
ei gloywi'n lân, nes canfod ynddi lên
warthruddwyd drwy yr oesau. A chyda miri,
ei dwyn o'r dŵr at olau dydd, yn fregus o hen.

Gan feithrin egni newydd, hawlio'i lle:
cerddi'n gregyn llawn. Tonnau pell-i-ffwrdd
sy'n cleisio'r elfennau nes dwyn llanw i'w dangne'.
Tydi a'r lli, awen y lliaws fu yno'n cwrdd:

ac eto, beth yw'r danadl môr sy'n sleifio draw
i bigo'r rhai sy'n holi o hyd – Beth a ddaw?

The days of our years are...

(for Raymond Garlick on his eightieth birthday; now in memoriam)

The psalm reckons our span in years;
you showed us how to reckon it

as rendezvous: like that time you
went out walking, to find yourself

at a ford. Wading in, you saw
a tiny vessel spinning in a whirlpool,

going down; and reckless, rescued it,
patched her up and recognised a craft

unjustly cast adrift. With fanfare,
flaunting it, you brought her –

fragile, creaking – back to light;
decked her, dazzling out, for all

to see. Such broadsides! Beyond
the ford, winds bruise water

into white until the tides come in
in peace. You heard the voices

of the nearly-drowned that day.
Still the great fluorescent jellyfish

pulse by, their tentacles electric.
Still we hail you with our SOS.

[DWD]

CATRIN GLYNDŴR

Cyrraedd

Ym min yr hwyrnos
     y daethom yma,
o'r gefnen o dir
     i lwydni cell.
Pilen llygad
     yn ffenest gron,
murmuron
     tu ôl i'r muriau,
hwyl a helynt
     yn ymwáu.

Blinedig ydwyf,
     eto, ni ddaw cwsg
â chrasboer y ceidwad
     ar fy anadl o hyd.

'Oherwydd eich llinach
y dygwyd chwi yma,
eiddo o ran,
a'ch tad yn rhydd.'

Llygadfrith a llawgaled,
     fy holi'n ulw.
Ond meddyg da yw'r anwybod
     rhag heigio celwyddau.

Yn ddulas, yngan yn isel,
     'teg yw'r nos i ŵr llwfr'.

CATRIN GLYNDŴR

Arrival

We came at owl-light
from the edge of the sea
to the world's end,
my round window
a clouded eye.
Through the walls
one murmur,
merriment and mayhem.

Though I'm dead tired
sleep won't come,
my jailor's sour spittle
still on the air.

'You're here
for your breed.
We take you hostage,
your father free.'

Squint-eyed, calloused hands,
he grills me to ash.
Ignorance my defence
against a swarm of lies.
Puce-faced he utters
under his breath,
'Cowards are fair weather friends.'

Colli amser

Cyfri'r amser yr wyf yma
gyda chudynnau fy mhlant.
Gweithio dolen o bleth
yn foreol, yna'n wythnosol.
Nodi marc ar y mur
gyda'r gwaed a wasgaf
o gnoi ewinedd i'r byw.

Dathlu eu taldra hefyd.
Er mor llwyd eu mebyd,
bu dyddiau trugarog,
ac adrodd a wnaf:
am gario llestr o'r ffynnon,
am edrych i'r wybren drwy'r coed,
am gasglu cennin y brain,
am gyfri lliwiau'r dail
yn efydd ac ambr, ysgarlad gloyw.

Aur llathr o atgof yw.

Lost Time

I'm counting time
with strands of my children's hair,
twisting one link from a braid
each morning. Every week
I mark the wall with blood
squeezed from my nail
bitten to the quick.

It's how we used to mark their height.
However grey their childhood
they were kindly days
and I recite again and again
how we'd carry a pitcher to the well,
how we watched the sky through the trees,
how we gathered bluebells,
how we counted the colours of leaves,
copper, amber, radiant scarlet.
The golden glow of memory.

Dynwared Adar

Buom yn telori fel adar heddiw.
Chwibanogl y mynydd,
y robin hy', a'r drudwns barus
 mor ddibryder eu byd.
Ein dwylo'n dynwared yr hebog,
cudyll coch, curiadau untant
cnocell y coed mewn ceudwll;
a thrwy'r ffenest fach, gweld
adenydd o bell yn glanhau'r nen
gan gario ein trybini
gyda'u pigau yn bell, ymhell
i ymbil i'r Goruchaf.

Birdsong

Today we sang like birds.
The mountain curlew, the bold robin,
and starlings, hungry and fearless,
the yaffle's monotonous knock.
We made a hawk with our hands,
and watched though our small window
distant wings sweeping the sky,
bearing our sorrows away in their beaks,
our prayers to God.

Digwyddiad

Daeth ceidwad newydd heddiw.
Mor hawddgar oedd.
Daeth â charthen fraith imi,
ac adrodd am druan arall.
Dug ydoedd unwaith, meddai,
a aethai i ddyled, colli ei bwyll,
bytheirio'r drefn yn benwan.
Cerddodd y cambren,
yna'n wirion bach, penliniodd;
arwyddo pader, cyn i'w lwnc
ollwng rhwnc, nes rhoi
gwledd i'r dorf.
Hunllef eu banllefau.

Wylais innau wrth glywed
am angau mor arw;
â chrygni yn llais y ceidwad,
gwyddwn cyn iddo ddweud:
'tynged perthyn y mân-wythi yw ing'.

Sibrwd 'rhad arnoch chwithau hefyd'.

Incident

A new guard today.
He was kind,
brought me a speckled quilt
and a tale of a poor wretch,
once a duke, he thought,
who fell into debt, lost his mind,
off his head cursing the law,
then walked the crooked board
and quietly fell to his knees
making the sign of the cross.
His throat gave a rattle,
his gift to the crowd
and their terrible roar.

I wept to hear
so cruel a death;
the jailor's voice cracked,
and I knew it before he spoke,
'Death is the fate of those small veins,'

he whispered, 'as must be yours.'

Edliw

Daeth lliaws i syllu arnom.
Siarsio'r plant i ddal tafod,
eu twyllo y caem fynd adre.

'Pa fath arwr a edy ei ferch?'
'Pa fath berthyn yw hynny?'
Crechwen crachwynebog
un â deilen ar ei dafod.
Gwgais, cau amrant
rhag corwynt o ddicter.

'Mae'r eryr yn rhydd
a'i gywion mewn Tŵr
yn gnawd i gigfrain'.

Wedi iddynt adael,
llais o'm tu mewn,
gan y gwirion y ceir y gwir,

cyn i leisiau main rwyllo'r aer,
'Gawn ni fynd adre rŵan?'

Reproach

A crowd came to gaze at us.
I bade the children be dumb,
deceived them they might let us go.

'What hero abandons his daughter?'
'What sort of kinship is that?'
The derision of dunderheads,
and pimple-tongued duds.
I closed my eyes
on my storm of rage.

'The eagle flies free,
his chick in the tower's
ready feast for the ravens.'

When they'd gone
the voice of my heart said,
from fools come the truth,

before other voices pierced the air.
'Can we go home now?'

Siôl

Trois fy siôl yn gynefin.
Am yn ail eu magu
ar ysgwydd, mewn côl,
ar y fron, eu rhwymo'n dynn.
Arogli trwy'r dieithrwch
mwswgl a charlwm o'r henfro,
sawr grug mêl y mynydd.
Gwrandewch, meddwn,
y gwynt sy'n chwythu lle y mynno.
Chwarae enwau lleoedd a llynnoedd
a'u mud-actio, esgus cyrraedd copa,
bys wrth fys, gam wrth gam.
Adrodd wedyn am dwyni'r traethau,
blasu moresg rhwng fy nannedd a'i gnoi,
yslafan o'r môr yn rhuban gwyrdd.

Ond seithug pob stumio
heno.

Shawl

I made of my shawl a home.
One by one I nursed them,
against my shoulder, on my lap,
at the breast, wrapped them close.
Through alien air I breathed
scents of the old country,
the moss and the stoat,
heather on the mountain.
Listen, I said,
the wind blows where it will;
played naming the places, the lakes,
mimed climbing the peaks,
finger by finger, step by step.
I numbered the sand dunes,
nibbling them for the taste of marram grass,
seaweed in green ribbons.

But useless playing pretend
tonight.

Tlws gwallt

Daeth y ceidwad hael
â thlws gwallt brychfelyn,
a buom yn chwarae mig.
Trodd yn iâr fach yr haf
ar wib yn y wig;
yna'n arf dur i ladd chwilod,
teimlo'u crwyn yn crensian;
ei droi'n allor haul hefyd.
Chwerthin wrth i'r pelydryn
ein dallu.

Ond daeth cyfog gyda'r cyfnos,
ac anos diddanu
â phendrymder yn nesáu.
Ai pydredd y lle hwn
sy' ar gerdded yn ein gwaed?

A fyddai min un tlws
mewn gwythïen
yn medru ein gwaredu?

Hair Jewel

The kind guard came to me
with a gold-mottled hair clip,
and we played games with it.
It was a butterfly
fluttering in the forest,
It was a club to kill cockroaches
with a crack on each carapace.
It was an altar for the sun,
to dazzle us till we laughed.

But with nightfall came unease.
Hard to make play
with clouds closing in
in this foul place
which enters our blood.

Would the needle of this jewel
in a vein
set us free?

Gweoedd

Pam mae gwe newydd
yn anwel?
Ai ein llygaid
a gyll ei gweld?

Stilio heddiw
am bryfed,
eu palfau ysbeidiog
yn swyno'r oriau.

Nid felly hen we.
Erys honno
a rhyfeddwn
at odre'i gwisg laes.

Mor dryloyw yw,
nes i'w gwythiennau
igam ogamu'n las
fel gwawn ar faes.

Di-ôl yw pry'.
A throdd antur
am bryfetach yn wylo am taid.
Ni falia'r Pry' hwnnw, mae'n rhaid.

Webs

How can a spider's new web
disappear?
Do our eyes
lose sight of it?

Today we stole
after insects,
our seeking hands
charming the hours.

Unlike an old web,
she lingers,
lets us stare
at the hem of her gown,

transparent
but for blue veins
in a weave and weft
like dew on a meadow.

No sign of a spider.
The insect adventure's
a wait for an absent father.
It doesn't bother the spider,
apparently.

Llestri

I ble'r aeth y ceidwad da?
Daeth sinach yn ei le.
Rhegi mai man du oedd arno.

Wrth siomi, mentrais udo
bod y platiau pridd yn fudr.
'Creaduriaid rheibus
yw'r Cymry,
budreddi yn eich gwythiennau.'
Poerodd. Diflannodd.

Dychwelyd gyda dyrnaid o glai.
'Dyma chi, gwnewch a fynnwch,
cânt eu sychu yn yr haul.'
A throdd ei anfri yn ddydd
o fawl, y lleia'n fysedd a bodiau.

Cuddiais beth ohono
i lunio'r Groes Fendigaid,
tylino paderau'n grwn.

Dishes

Where did the good guard go?
A rogue replaced him,
cursed me, put the black spot upon me.

Dismayed I dared a cry
that the earthenware plates were dirty.
'Foul, feral creatures, you Welsh,
with filth in your veins,'
he spat, and vanished.

He returned with a fist of clay.
'There. Make your own plates.
They can dry in the sun.'
He turned. And the insult turned
to a day of blessing, the youngest
all fingers and thumbs.

I hid a scrap,
to make a cross, blessed it,
kneading the beads of a rosary.

Hwiangerddi

Llunio penillion heddiw,
i gadw'r llais yn loyw.
Ble'r ei di, ble'r ei di?
I weld gwenoliaid yn nythu.
Beth wyt ti am chwarae?
Cuddio yn y berllan ffrwythau.

Ond di-hoen oeddynt.
Pa fath o her yw hiraeth?
Holi am y teulu,
yn geffyl a chi a chath
ac achwyn.

Am ach rwyf innau'n achwyn
yn dawel bach.

Lullabies

Today we made lullabies
to keep our voices clear.
'Where oh where have you gone?
To see swallows nesting.
What will you play?
Hide and seek in an orchard of fruit.'

But they were lacklustre.
What challenge is *hiraeth*?
They asked for their kind,
the pony, the dog and the cat,
and they wailed
for their kith and their kin.
And I too mourned my own people
in silence.

Epil

Buont yn griddfan drwy'r dydd,
eu lleisiau'n cario
trwy haearn, trwy'r conglau,
oriau petrus,
chwys ar gadachau.

Yna, daeth dau i'r gell.
'Eu geni'n annhymig i fradwr'
medd un, cyn eu cludo ymaith.

Heb gusan ffarwel,
heb eu rhwymo'n glyd,
heb gysur gair,
eu dwyn oddi arnaf.

Yna, dinoethwyd y gell,
symud pob cawell.
'Ewch â minnau, gwaell
sy'n fy mynwes.
Onid bwyell a'm holltodd?'

O un i un eddynt oll,
Noswyl yr Holl Saint
aeth â hwy.

Offspring

They wailed all day
their voices carrying
through iron, through crannies,
terrified hours
sweat on rags.

Two came to the cell.
'They were born to a traitor',
said one, and took them away.

Without a farewell kiss,
without wrapping them warmly,
without word to console them,
they were torn from me.

The cell was laid waste.
Every cradle removed.
'Take me too. There's a knife
in my heart.
Did an axe split me in two?'

One by one they all left,
All Saints night
stole them away.

Byw fy hunan

A gwedy rys mac rys mâl.

Crefu am eu hoglau,
ôl llaeth sur ar eu bochau.

Daeth cennad arall,
pastwn mewn llaw,

mynnu mod i'n carthu'r
gell o'i melltith.

Anadl biswail sydd arnaf,
fy nghroen fel rhawn y gaeaf.

Daeth glaslanc â siswrn,
 fy eillio'n bennoeth, gwallt mewn dwrn.

'Cawn arian da,' medd yn dalog.
'Tresi aur sy'n wobr i farchog.'

Daeth oerfel i'w oslef,
'Gwaed tylwyth,
dim ond rheg yw i gachgi.'

Living

Born to become chaff on the wind

I longed for their scent,
sour milk on their cheeks.

Came another messenger,
cudgel in hand,

made me scrub out
my cell of its curse.

I breathed in piss,
my skin was like winter grass.

A lad came with scissors
to shear me, my hair in his hand

'It'll fetch good money', he asserted.
'Gold tresses – a prize for a Knight.'

There was ice in his voice.
'It's tribal blood,
a curse for a coward.'

Hunllefau

Daeth cryndod drosof heno,

dwyn fy nghroen dan ei gawod eiraog.

Ceiliogod y nos sy' ar y rhostir.

Af i'w hela, a'u dal

ond yn fy llaw mae ysbrydion.

Yna, elanedd yn llamu.

Pa dymor yw hi â'r cnau yn wisgi?

Y nos sy'n dinoethi

a'r lloer yn oernadu.

Daw cilgant i'm codi.

Ai cynffon seren sydd

yn yr wybren?

Ai fy nghywion i sy' yno

yn dal gafael yn dynn ynddi?

Nightmares

I shivered all night long,

stole my skin under its shower of snow.

Those cockerels of the night, pheasants, are on the moor.

I will hunt them, hold them.

but there are ghosts in my hands.

The deer are leaping.

What season is it, the nuts ripening?

The night unclothes itself

and the moon laments.

A crescent comes to lift me.

Is that the tail of a comet in the heavens?

Are those my chicks, clinging to it?

Ymadael

Fferrodd fy ngwythiennau
                    fel pibonwy ar esgair.
Heb etifedd,   amddifad
      a dienw wyf.

*   *   *

Stillness

My veins are frozen
                    icicles on a ridge.
Without my children
                    I am nameless,
nobody.

[GC]

*   *   *

Rhagolygon y Tywydd

Glaw madarch,
haul morgrug,
storm geffylau,
eira torri ewinedd,
oerni llyfantod,

    niwl-
        defaid mynydd ar y ffordd fawr.

Arogl Glaw

Ai dyna'r blas a glywn
Wrth agor cegin y nefoedd,
A'r ddaear wedi'i melysu'n sinamon.
Yna, gorweddwn yn ôl, gan aros
I'r sudd i oedi
Cyn cusanu byd anghenus.

Haul glas

Pan yw'r haul yn boenus o gry'
Wrth rythu arno yn gegrwth,
Bron na theimlwn i rywun wthio bys
I dwll ei lygad, gan adael ei amrant
Yn gysgod – amlinell o las,
Nes i'r clais ddeffro'r don i sylwi.

Weather Forecast

Mushroom rain,
anthill sunshine,
horses' tempest,
nail cutting snow,
coldness of toads,

and fog,
mountain sheep on the main road.

The Scent of Rain

Is it that, the tang we sense
when the kitchen of heavens is opened,
and the earth smells of cinnamon?
After the feast, it lingers
in the sap, to lull earth sweetly,
kissing its famished skin.

Green Sun

When the sun is painfully strong
in gazing at it, gaping,
I could almost think that someone's poked a finger
into its eye, and left the lid
shadowed, a single greenness,
till the bruise wakes the wave to take notice.

Eira absennol

Beth sy'n weddill
Amddifad fel yr ydym o eira,
Ond y freuddwyd ohono
Yn lluchio gobenyddion at ein gilydd
I'n llofftydd.
Yna, mumur yn ein cwsg a wnawn
Yn unieithog
Eira, eira, eira.

Absent Snow

What else is left for us,
bereft of snow,
except to dream of it
pillow fighting its way
to our chamber.
And then we murmur in our sleep
a monoglot
eira eira eira.

[JPC]

Myfyrion am oleuni

I

Y golau –

Sylwa
mor swil yw,
weithiau bydd yn rhaid inni
gau ein llygaid rhagddo.

Sylla eto.
Dyma'r lledrith
a anfonwyd i'r nenfwd
i'n gwneud i godi
ein golygon
i rym sy'n raslon.

Codwn law
at y blaned hon.
Baner y byd gloyw yw,
yn gwenu arnom
yn ein gwendid.

II

Ble mae'r golau?

Codi ei bysedd
a'i gyfarch yn llawen
a wna.

Hon yw'r grefydd
sydd rhyngom.

Pwyntio bys a wna
gan lanw fy llygaid
â'i ddisgleirdeb.

Meditation on light

I
The light –

Notice
How shy it is,
sometimes we have to
shut our eyes from its blush.

Look again,
this is the enchantment
sent to the firmament
to make us lift our eyes
to its grace.

We wave at
this planet.
It's the Creation's flag
which smiles at us
in our languor.

II
Where is the light?

She raises her fingers,
greeting it happily.

This is the faith
we share.

She points to it,
filling my eyes
with its gladness.

Ble mae'r golau
yw'r cwestiwn

a ddaw inni,
ar ddechrau a diweddglo
einioes.

III

Goleiath oedd Goleuni
yng ngenau fy mrawd
yn blentyn.
Dim rhyfedd felly mai'r
Dafydd distadl
yw'r tywyllwch
sy'n ennill brwydr ein nos.

Where is the light
is the question

we ask daily.
The Alpha and Omega
a ray with no refrain.

III

In my brother's mind
the light was *Goliath*
sounded just like '*goleuni*',
and the puny David
was the darkness
winning over night's battle.

[EAH]

Heb

(gan feddwl am Waldo, 1904-71)

Heb oedd y gair cyntaf a ddysges
Amdano. Heb dalu. Heb eiddo,
Heb oedd ar wawr ei wyneb.
Yn ddeg oed, methwn â deall
Fel y troediodd y ddaearen,
Gŵr yn ei oed a'i amser, heb gymar
A heb amser i oedi ar drosedd
Yn erbyn tangnefedd. A dyna fel y tyfes
Yng ngwres da a drwg. A fe oedd Socrates
Yng ngardd fy mebyd, yn cynnal sgwrs
Â mi, deialogau'n llawn o ddail ir.

A thrwy'r perthi, a'r perci, daeth
Ystyr newydd i berthyn, a throi heb
Yn eiddo i beidio â gafael ynddo.
Cerddi ar gof, geiriau heb y goleuni
Hawdd ei gael. Heb oedd hel helbulon
A'r rhodd eithaf, yn anweladwy
Mewn 'neuadd fawr'. A thrwy
Fod weithiau'n amddifad
Heb bethau, daeth trugareddau byw
I ddwyn y dychymyg, heb glust
At ddim heblaw'r eithriadol, eiriasol
'Ust'.

Without

(thinking of Waldo Williams, 1904-71)

He taught me what 'without' might mean.
Without compromise; without possessions,
certainly; his face in lack abounding.

I couldn't guess why one should go like him
companionless, on edge at each small
wrong. Knowing now how good and bad

took colour from that time, I see him
as my childhood garden's Socrates,
in abundant dialogue with my better

self. His talk of fields and boundaries
was a blueprint for belonging; to be without
was to be flush indeed. To learn dark lines

of his by heart meant being satisfied
with lack of light. 'Without' though full
of trouble, was the boundless, unseen gift,

waiting for us in a narrow room. To do
without was ample – imagination on the stretch
for nothing but that ultimate, electric
'Shh'.

[DWD]

TAIR CERDD GAN WALDO WILLIAMS

Oherwydd Ein Dyfod

Oherwydd ein dyfod i'r ystafell dawel,
Yn yr ogof ddiamser yr oedd,
A'n myned allan i fanfrig gwreiddiau
Ac i afalau perllannoedd;
A'n myned allan trwy'r wythïen dywyll
I oleuni yr aelwydydd
A mi'n dilyn y galon gynnes
Seren fy nos a rhin fy nydd.

A chusan yn dychwel hyd bob seren
Eigion yr archipelágo,
A dwyfron yn adnewyddu daear
A dwy fraich yn gysgod y fro;
Oherwydd ein dyfod i'r tŷ cadarn
A'i lonydd yn sail i lawenydd ein serch
A dyfod y byd i'r dyfnder dedwydd
O amgylch sŵn troed fy eurferch.

THREE POEMS BY WALDO WILLIAMS

Because of our coming

Because of our coming into the quiet room
A timeless cavern our abode,
And going outward to the chain of roots
And into the orchard of apples.
And because of our going
Through those deep veins
Into the light of hearths abounding,
And me, following the tender heart
My night star was she, my mystery of day.

And a kiss reaching every star
The deep ocean, the archipelago,
Two breasts renewing the earth
A refuge for the land, her arms too;
Because of our coming to the solid house,
Its lane a foundation to the mirth of our love
And the world becoming into the deep bliss,
Around the footstep of my golden lass.

[ME]

Pa Beth Yw Dyn?

Beth yw byw? Cael neuadd fawr
Rhwng cyfyng furiau.
Beth yw adnabod? Cael un gwraidd
Dan y canghennau.

Beth yw credu? Gwarchod tref
Nes dyfod derbyn.
Beth yw maddau? Cael ffordd trwy'r drain
At ochr hen elyn.

Beth yw canu? Cael o'r creu
Ei hen athrylith.
Beth yw gweithio ond gwneud cân
O'r coed a'r gwenith?

Beth yw trefnu teyrnas? Crefft
Sydd eto'n cropian.
A'i harfogi? Rhoi'r cyllyll
Yn llaw'r baban.

Beth yw bod yn genedl? Dawn
Yn nwfn y galon.
Beth yw gwladgarwch? Cadw tŷ
Mewn cwmwl tystion.

Beth yw'r byd i'r nerthol mawr?
Cylch yn treiglo.
Beth yw'r byd i blant y llawr?
Crud yn siglo.

To live

What is living? Owning
A great hall within a cell.
And what is knowing? The root
Which trusts the branches well.

What is it to believe? Giving solace
Until deliverance arrives.
And to forgive? On fours through thorns
To the enemy's side.

What is it to sing? Catching breath
From the gift of creation.
What's work but humming a song
From trees and wheat's collection?

What are affairs of state? A craft
That's still just crawling?
And armaments? A knife
Wrapped in a baby's fist for thrusting.

Being a nation? What can it be? A gift,
The heart's well of blessedness.
Loving a country? Keeping house
In a cloud of witnesses.

What's the world to the all powerful?
A circle spinning.
And to the children of the earth?
A cradle rocking.

[ME]

Cân Bom

Chwalwr i'r Chwalwr wyf.
Mae'r Codwm yn fy nghodwm.
Ofod, pa le mae Pwrpas
A'i annedd, Patrwm?

Cynllunia fi, ymennydd noeth.
Gwnewch fi, dim ond dwylo
Dim-ond ystwythder ifanc
Caria fi yno.

Distaw y mae fy meistr
Yn datod cwlwm calon.
Aruthr y deuaf i
Yr olaf o'i weision.

Ef yw'r pryf yn y pren,
Gwahanglwyf y canghennau.
Mi a'u hysgubaf i dân
Ecstasi angau.

*　　*　　*

Bomb song

(translated on the evening of the atrocities in Norway, July 2011)

I scatter him who shatters,
The fall is in my falling,
Space where is Purpose
And Pattern, its dwelling?

Design me, brain made bare
Hands free, make me,
You, nimble youth
Carry me there.

Dead quiet, my Master
Heart's knot unfasten,
Terror here I come
The last slave to hasten.

He is the worm in the wood
The disease in its breadth,
I'll sweep them to the fire,
Exultant death.

[ME]

* * *

O Dad

1

Ac mor fach yw'r byd,
trofannau ar flaenau ein bysedd,
olion traed carbon
ym mhob pegwn,
a goleuadau'r gogledd
yn stribed o ystrydeb;
ac eto, mae yno,
yn y cefnfor mawr
ynys henaint
sydd mor bell oddi wrthym
fel o hyd;
nid oes cyfeiriannydd a'i deall,
glanio arni, nid yw'n hawdd
â swch y swnt yn erlid;
disgwyl y croesiad olaf –
'diwedd y daith', meddai,
ac mor hir fu'r disgwyl,
pob tymor yn rhewi'r esgyrn,
a chi yn unig oedd â'r sicrwydd
y deuai'r cerbyd
    heb inni ei weled.

Ynysoedd bychain
heb dir uwch mynydd,
dim ond gwastadedd,
a'r tawch yn eich llethu.

2

Deddf gollyngdod
i drengi?

Oh father

1

And how small the world is
tropics on the tips of our fingers,
our carbon footprints
in every pole,
and the northern lights
mere strips of clichés;
and yet, there is
in the great ocean
an island for old age
so far away from us
always,
no navigator can understand
or land on it, far from easy
with the baying of the current's jaws.
To wait for that last crossing,
'the end of my journey,' he'd say,
and such longing in the waiting
as seasons froze his bones,
and you were the only one who knew
that the ferry would come,
                              unbeknown to us.

Small islands
without land on the mountaintop,
only flat marshland
and the fog's delusion.

2

The law of release –
To die?

Fel hyn y dylai ddigwydd,
eich bod yn deffro un bore,
glas llygad o Fai efallai
gan ddweud 'gorffennwyd';
pob gorchwyl wedi ei wneud,
a phawb yn canu'r hwyl
eich bod am groesi,
rhoi dalen ar argraffydd maes awyr,
gan alw'r Sganiwr mawr ei hun,
sy'n nodi'ch rhif
heb ichi orfod hyd yn oed
ddatod carrai eich esgidiau
ar y cludydd symudol.

3
Ar waelod stâr,
                doî'r siarad
tu ôl i'r pared,
          clywn eiriau pur
i'r Arglwydd, ac mor rhwydd eu rhin;
oedi i'r sain,
             clustfeinio
ger stafell o gell,
                honno ar gau.

Bob hwyrnos, aros am Air
ar ddi-hun, fy hun, yn yr hwyr,
ac er ceisio,
            lleisio'n llaes,
eto, ac eto,
            dyheu am eco,
            doedd neb yno,

Er y dasg, dod i'r casgliad:

Stad Duw, mae'n rhaid, yw'r stydi.

This is how it should happen,
that you get up one morning,
blue eyed May perhaps
and say 'finished'.
All duties fulfilled
and everybody singing 'adieu'
as you prepare for that crossing,
a passport on the airport's printout,
calling for the big Scanner himself
who registers your number,
without you needing to untie
your shoelaces on the conveyor belt.

3

At the bottom of the stairs,
            I heard talk
behind the wall,
            pure words
to the Lord, so easy, so full of goodness;
I lingered by those sounds,
                eavesdropping,
but his study door
                shut tightly.

Every night, I too waited for the Word,
awake, in the dark,
        and though I tried,
            voicing lightly
over and over,
            yearning for an answer,
            there was nobody there
not even an echo, but truth to tell
the domain of God was in my father's study only.

4

Heddiw, eraill wna'r siarad,
tŵr Babel yn blyban ieithoedd
a dyheu am y tawelwch hwnnw
yn y bocsrwm yn y Mans,
a wnaech yn y Cartref trafferthus:
eich sylw am gadw eich synnwyr
gyda '*diolch am owns*'.

'Enfys henaint', meddwn wrtho.
Hen nodwyddau o eiriau
sy'n pwytho brodwaith sgwrs yn gain.

Dro arall, byddai'r edau'n cordeddu,
nodwydd yn tynnu smotyn o waed
a minnau'n teimlo'i wawch.

Gwaed yw'r hyn a ddaw weithiau
o'r min sy'n ddur denau ar daith,
wrth wniö'r galon.

5

Dwyn tystiolaeth –
dyna'r oll a feddwn
yn y diwedd,
ar y ddaear hon:
y gallu i ddwyn i eraill
bod yn glust o dyst i dostrwydd.

Gan ddweud,
fel heddi,

aeth dyn da
at ei Dad.

4

Today, others talk,
a Babel-blathering language
and how you longed for the silence of the Manse
even its boxroom
in the troublesome 'Home'
your proverbial three worded remark
'I'm just thankful for an ounce'
we filled in ourselves the 'common sense'.

'The rainbow of going old,' I tell him,
knowing full well that it goes nowhere,
those fine needles of words
that embroider our time,
making it tidy.

Another time, the cotton thread would knot
close to the needle's eye, drawing a blood spot,
and I felt the sting.

Blood is what is drawn from the tip,
that thin steel on a journey
as we join the remnant of the heart.

5

To bear witness,
that's all we possess
in the end
on this earth;
the strength to bring word to others,
slandering the testimony of ill health.

Saying
like today

a good man at last
met his Father.

6

'*Bodily decreptitude is wisdom,*'
meddai Yeats,
y symud arall yna,
o grych i glwyf
hunglwyf ac aflwydd.

7

Heddiw, fe'n galwyd i'r swyddfa
i ddweud ei fod ar gynllun
'llwybr diwedd einioes'
a rhywsut mae'n swnio'n well
o'i drosi i'r Gymraeg
na'r '*end of life pathway*';

Mae ana'l ac einioes
yn efeilliaid mwy cytûn rywsut
na'r ysgall a dyf, neu'r dinad,
yn y llwyni musgrell;
ara' deg y daw angau i losgi'r grug.

8

Mae ei wedd yn loyw-loyw
fel wyneb haul cynnar y bore
yn yr hydre',
ei gnawd fel gwenynlud,
a'r haid wedi hedfan o'i flaen
at y Paill sy'n rhy bell,
bellach
yn gweithio cwch newydd.

6

Bodily decreptitude is wisdom.
So said Yeats,
that moving on
from crease to curse
of coma.

7

Today, we're called
to the office to be told
that he is on the end of life pathway,

but breath and life
are identical twins
more so than thistle and nettles
in hedge,
how slowly death is fire on the heather.

8

His skin is shiny-waxy,
like the face of the early sun
in autumn light,
his flesh a thick honey,
the murmur of bees now
they've moved on to the Nectar,
and a new hive.

9

Angau yw'r Proffwyd hyna'
yr un a wêl,
yr anwel,
tu hwnt i anwyliaid.

10

Haf bach mihangel tu fas
er i luwch o oerfel
afael fel gaeaf ar griafolen.

11

Os mai –
rhy fyr yw tragwyddoldeb...'
rhy hir yw meidroldeb gwag.

12

Tu hwnt i boenau elw,
yn welw mewn gwely,
wal arall a orfu,
a stad mwy syml.
Man lle bydd To
ac Aelwyd heb forgais.

13

A'r byd yn mynd â'i ben iddo,
gofynnwch,
pam nad ydw i yn y 'gwely gwyn' erbyn hyn?

9

Death is the oldest prophet,
one who sees
the invisible
through loved ones.

10

It's Indian summer outside
but a drift of cold wind,
clings to the promise of winter

11

If
eternity is short,
mortality is far too long.

12

Beyond the pain of riches,
pale in bed
another wall surrounds you.
An estate much simpler
– a place whose roof
and hearth needs no mortgage.

13

With your body's world going to hell
you ask
why am I not in the white bed by now?

14

Ddeuddydd cyn ichi farw
fe ddiflannodd eich llais,
gan eich gadael yn ddyn heb iaith
heblaw iaith dawel o'r enw 'urddas',
cymwys at oedfa baratoad.

15

'Dylem ddiolch am y dagrau,' meddech
ar ddydd angladd mam,
hyn sy'n dangos ein bod yn credu
yng nghesail cariad.

16

Rwy' am gofio'ch dychan:
yn naw deg a phedwar,
ffraethineb yn ffrewyll;
'Un glust ddim yn gweithio,
un llygad yn pallu agor,
un goes ddim yn symud
fel y dylai,

ond dyna fe,
mor lwcus ydw i
o gael dou o bopeth!'

17

'Tywydd gwael?'
'Na,' meddech,
'dim ond graddfeydd o dywydd da
sydd yna.'

14

Two days before your death
your voice disappears
leaving you a man without language,
apart from the quiet tongue called 'dignity'.
How fitting for a New Year Sunday homily.

15

'We should be grateful for tears,'
you said,
on the day of my mother's funeral;
this is proof that we believe
in the resting arm of love.

16

I want to remember your humour:
ninety four years of age,
whittling your wit:
one ear doesn't work
one eye doesn't open,
one leg refuses to budge
as it should

but there we are
I am so lucky
to have two of everything!

17

'Bad weather?'
'No,' you said,
'there are only degrees
of fine weather'.

18

Dyw adnodau ddim yn pallu.
Fel un o blant y Mans,
rhaid oedd dysgu'r adnod fwya'
heb ddeall mai'r adnod leia'
sy'n gweddu i waddol o weddi.

19

'O dad, yn deulu...'

o'r gorau,
fe glywaf eich siarsio:
byddech am imi ddweud

'diolch o'r newydd'.

18

Verses never leave me;
daughter of the Manse,
I had to learn the longest verse
without understanding that the smallest
is enough for a residue of prayer.

19

'Oh Father, whose family...'
all right, I can hear you professing,
you'd want me to say, I know,

'be thankful, a daily blessing'.

[EAH]

NOTES

Arolygwr y gwenyn meirch | The Wasp Inspector (16)
co, co, watsia mas: look, look, watch out.

Cerdd Gocos | The Cocklewoman (28)
bara lawr: laverbread.

Halen y Ddaear | Salt (32)
lines 7-9: Leviticus 2:13.
line 19: Norwegian folk tale where a mill on an ocean bed grinds the sea's salt.

Drws yn Epynt | A door in Epynt (54)
The poem is based on the story of a woman who asked an army officer if she could take her door with her when she had to leave her home and village. The story of Epynt is one that is remembered with sadness in Wales. In 1940, the War Office decided to uproot the community and use the land for artillery practice. As it had no major road it was deemed suitable although there was a thriving community there: farms, a chapel, church, village school and Drover's Arms.

Oed Llawn Addewid | The days of our years are... (66)
A tribute poem to a much acclaimed English poet, Raymond Garlick, who adopted Wales and Welsh identity and along with the poet Roland Mathias gave Welsh writing in English its rightful place in the history of Welsh literature.

Catrin Glyndŵr (68)
The sequence of poems was written in the wake of writing an inscription on her memorial in St Swithin's Graveyard, in the heart of the city of London on 16 September 2001 (later re-located in Wallbrook Gardens near Cannon Street in 2010).

Catrin was captured from Harlech castle along with her children, two girls and one boy, in 1409, during Owain's fight for the freedom of Wales. They were taken as hostages to the Tower of London and died mysteriously four years later.

Rhagolygon y Tywydd | Weather Forecast (96)

eira: snow.

Heb | Without (104)

Waldo Williams (1904-71) was a much loved poet and Quaker from Pembrokeshire who spoke English as a child but learnt Welsh when he was seven. A dedicated pacifist, he was harassed by the authorities and imprisoned on several occasions for non-payment of tax during the Korean War in the 1950s. His poetry is extraordinary in its range, and the three poems included here in translation merely give a glimpse of his sublime mystical meditation. 'Heb' is a tribute poem to a man who lived a simple life, so much so that his only volume of poems was the result of other poet friends collecting his work, and is now thought of as a classic in Welsh.

NOTES ON THE TRANSLATORS

Elin ap Hywel is poet and translator, and her translations of some of Menna Elfyn's poems have appeared in *Cell Angel, Cusan Dyn Dall/ Blind Man's Kiss* and *Perfect Blemish/ Perffaith Nam* (all from Bloodaxe). She is also the editor of *Merch Perygl: Cerddi 1976-2011* (Danger's Daughter), Menna Elfyn's selected poems in Welsh (Gomer, 2011). Her own poetry has been widely anthologised and translated into Czech, English, German, Galician, Italian and Japanese. She is a Royal Literary Fund Fellow at Aberystwyth University.

Joseph P. Clancy is a poet, critic and translator from New York City, where he lived until his retirement in 1990 when he settled in Wales. He is Marymount Manhattan College's Emeritus Professor of English Literature and Theatre Arts. His own poetry titles include *Ordinary Time* (Gomer, 2000). He also translated the most substantial collection of medieval Welsh poetry rendered into English, *Medieval Welsh Poems* (Four Courts Press, 2003).

Gillian Clarke has been National Poet of Wales since 2008. Her numerous books of poetry include *Collected Poems* (1997), *Five Fields* (1998), *Making the Beds for the Dead* (2004) and *Ice* (2012), all from Carcanet. She received the Queen's Gold Medal for Poetry, and the Wilfred Owen Poetry Award in 2012, the first woman to receive this prize. She is also a playwright, editor and essayist. and her essay collection *At the Source* was published by Carcanet in 2008.

Damian Walford Davies is the author of four collections of poetry: the co-written *Whiteout* (Parthian, 2006), *Suit of Lights* (Seren, 2009), *Witch* (Seren, 2012) and *Alabaster Girls* (forthcoming), and is currently completing a book-length sequence spoken by Judas Iscariot. He is Professor and Head of the department of English and Creative Writing at Aberystwyth University. He has written on Welsh literature, most extensively on R.S Thomas and Waldo Williams.

Paul Henry is one of Wales's leading poets as well as a singer-song-writer. His publications include *The Brittle Sea: New & Selected Poems*, recently published by Seren in the UK and by Dronequill in India under the title *The Black Guitar*, and *Mari d'Ingrid*, a translation by Gerard Augustin, of his fifth collection *Ingrid's Husband* (L'Harmattan). A hesitant but fluent Welsh learner, this is his first attempt at translating poetry from Welsh into English.